Silke Schnee | Heike Sistig

Die Geschichte von Prinz Seltsam

Silke Schnee | Heike Sistig

Die Geschichte von Prinz Seltsam

Wie gut, dass jeder anders ist!

Es war einmal ein Königspaar, das hatte zwei Söhne: den großen Prinz Luca und den kleinen Prinz Jona.

„Zwei Kinder sind mir nicht genug", sagte die Königin eines Tages zum König. „Wir sollten mehr Kinder haben: Kinder sind einfach wunderbar!"

Der König wand sich, denn er sah die vielen kaputten Fensterscheiben im Schloss, die beim Fußballspielen zu Bruch gegangen waren. Er hörte das Geschrei, wenn die Prinzen abends nicht ins Bett gehen wollten.

Und er spürte seine Müdigkeit, wenn sie ihn jede Nacht störten, weil sie nah bei ihm in seinem großen Königsbett schlafen wollten.

Doch die Königin nahm den König in den Arm und zeigte in den Schlosspark: Da schoss Prinz Jona gerade einen astreinen Elfmeter.

Der König war mächtig, mächtig stolz auf ihn.

Nach dem Geschrei am Abend brachte er die Prinzen zu Bett und Prinz Luca las ihm noch etwas aus seinem Lieblingsbuch vor.

Da war der König ganz gerührt und mächtig, mächtig stolz auf seinen großen Sohn.

Und als die beiden Prinzen mitten in der Nacht ins große Königsbett krochen, da rückte der König zur Seite und dachte: Es gibt nichts Schöneres auf der Welt, als Kinder zu haben.

Die Königin wurde schwanger und alle waren ganz aufgeregt. Nach neun Monaten wurde Prinz Noah geboren.

„Er sieht ein bisschen seltsam aus", sagte der König.
„Er ist anders als die anderen", sagte die Königin.
„Er ist unser Bruder", sagte Prinz Luca.
„Er ist einfach Prinz Seltsam", sagte Prinz Jona.

Und alle hatten Prinz Seltsam sofort sehr, sehr lieb.

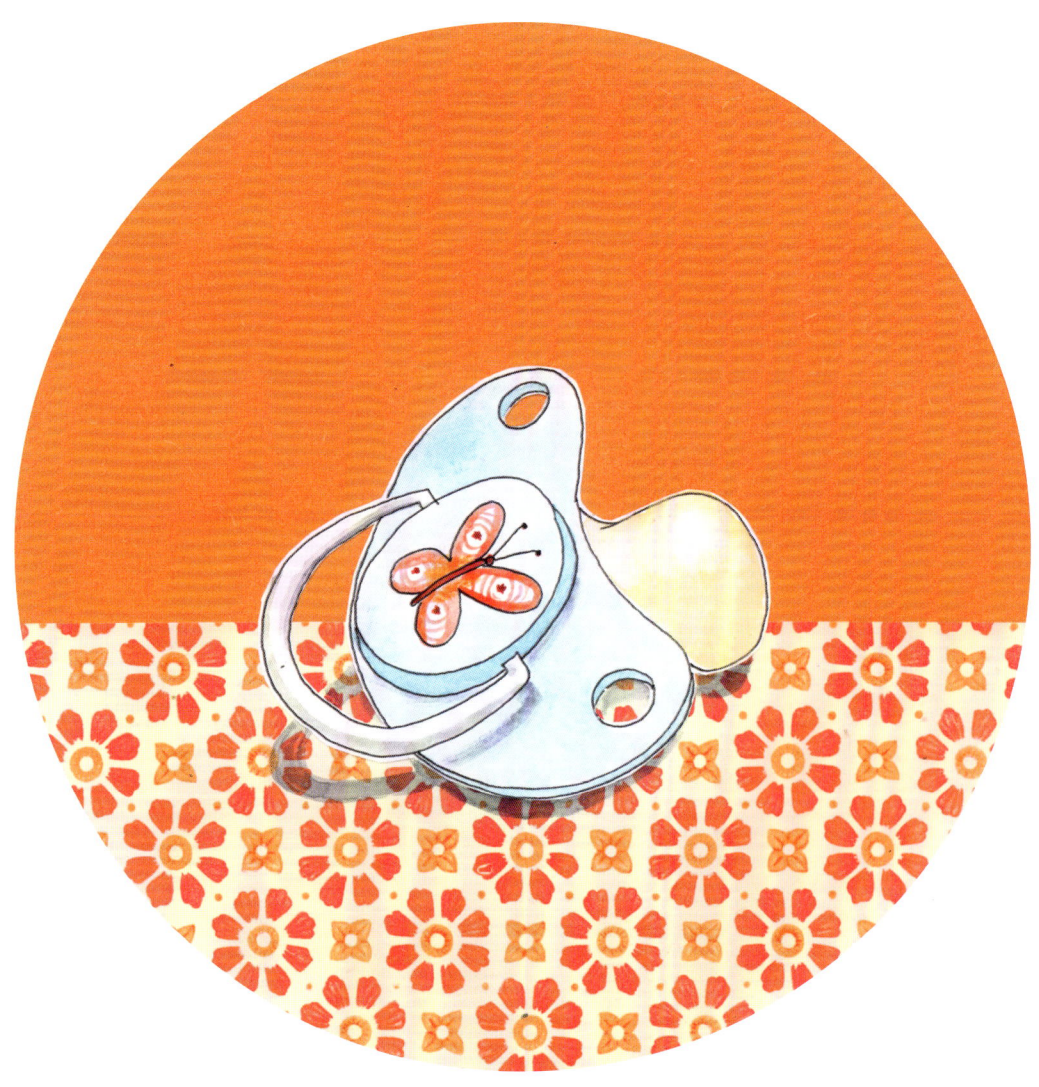

Das Volk war etwas verwundert, als die Königsfamilie stolz Prinz Seltsam präsentierte. Einige Leute flüsterten hinter vorgehaltener Hand: „Das ist aber ein seltsamer Prinz." Manche fingen an zu lachen oder wurden gar böse und riefen: „Der gehört nicht zu uns!"

Prinz Seltsam aber lächelte und freute sich, dass er unter der Sonne sein durfte. Er machte alles ganz langsam, so, wie man es macht, wenn man etwas sehr genießen möchte.

Er robbte bedächtig über die Königswiese und hielt bei jedem Gänseblümchen an, um es genau zu betrachten.

Er hörte leise und andächtig zu, wenn die Königin ihm etwas vorsang, und fiel ihr nie ins Wort.

Das Laufen und Hüpfen fiel ihm schwer, aber er brauchte es auch nicht, denn er wollte gar nicht schnell von einem Ort zum nächsten eilen. Da, wo er gerade war, gefiel es ihm gut.

Er brauchte selten Worte und Sätze – und doch verstanden ihn alle.

Eines Tages zog ein böser Sturm auf und die Sonne verfinsterte sich. Der Schwarze Ritter mit der langen Narbe im Gesicht wollte das Königreich angreifen.

Die Königsfamilie und alle Menschen im Land hatten große Angst. Aber die Prinzen mussten ihr Volk schützen, und so sattelten die drei ihre Pferde und zogen hinaus auf das Feld, wo der Kampf stattfinden sollte.

Mächtig und böse sah er aus, der Ritter mit der langen Narbe im Gesicht. Er saß kerzengerade auf seinem schwarzen Pferd, sein Schwert streckte er in den Himmel. Hinter ihm war seine große Armee vereint, die nur darauf wartete, dass er das Zeichen zum Angriff gab.

Alle hielten den Atem an. Und nur der Sturm blies so kräftig, dass die Rüstungen knarrten.

Der Schwarze Ritter mit der Narbe im Gesicht stemmte sich gegen den Sturm und reckte trotzig seinen Kopf in die Luft, damit er noch größer und böser aussah. Der Wind trieb ihm die Tränen in die Augen. Wie kleine Bäche rannen sie ihm über die Wangen.

Da legte Prinz Seltsam seinen Kopf schräg und betrachtete den Ritter sehr aufmerksam. Und plötzlich – ohne etwas zu sagen (so, wie es nun mal seine Art war) – setzte er sich in Bewegung. Er ritt schnurgerade auf den Ritter zu und machte erst Halt, als er ganz nah vor ihm stand. Dann legte Prinz Seltsam seine kleine, rechte Hand auf die Narbe im Gesicht des Ritters, sah ihm tief in die tränennassen Augen und fragte mit leiser, liebevoller Stimme:

„Tut weh?"

Der Schwarze Ritter klappte seinen Mund auf und dann wieder zu. Er ließ vor Verblüffung seinen Arm mit dem Schwert sinken, schüttelte sich und rieb sich verwundert die Augen. Er starrte Prinz Seltsam an, dessen kleine Hand immer noch auf der Narbe lag.

So etwas Seltsames war dem Schwarzen Ritter noch nie passiert! Er kannte Ablehnung und Hass, Gewalt und Schmerz – aber Mitgefühl, Anteilnahme, Sorge und Liebe, die waren ihm noch nie begegnet und jagten ihm nun eine Heidenangst ein.

Er begann am ganzen Leib zu zittern. Zuerst klapperten seine Zähne, dann die Rüstung und am Ende klapperten sogar die Beine seines Pferdes.
Da umschlang Prinz Seltsam den Schwarzen Ritter mit der langen Narbe im Gesicht mit seinen Armen, um ihn zu wärmen.

Alle wurden still. Sogar der Sturm wurde leise und die Sonne kam hervor, um nicht zu verpassen, was es da zu sehen gab.
Und mitten in diese Stille hinein rief eine Stimme: „Es lebe Prinz Seltsam! Unser Retter! Hoch lebe Prinz Seltsam!" Immer mehr Menschen stimmten mit ein. Immer lauter riefen sie alle, und immer freudiger: „Es lebe Prinz Seltsam, unser großer Prinz Seltsam!"

Und der König und die Königin, Prinz Luca und Prinz Jona und alle Menschen im ganzen Königreich waren mächtig, mächtig stolz auf den kleinen Prinzen.

Prinz Seltsam aber lächelte und freute sich, dass er unter der Sonne sein durfte.

Die Autorin

Silke Schnee ist Journalistin und arbeitet als TV-Programmmacherin bei einem öffentlich-rechtlichen Sender in Köln. Sie ist verheiratet und hat drei Söhne. Ihr jüngster Sohn Noah wurde im Juli 2008 mit einer Trisomie 21 (Down-Syndrom) geboren.

„Nur mit dem Herzen sehen will gelernt sein! Als Noah geboren wurde, waren wir zunächst schockiert und traurig. Die Sichtweise mancher Menschen auf ein vermeintlich ‚seltsames', wunderliches Kind war die Antriebsfeder für dieses Buch. Denn unser Prinzchen schenkt nicht nur uns, sondern allen um ihn herum viel Liebe, Freude und Sonnenschein.

Kinder sind etwas Wunderbares – wir sollten versuchen, sie mit dem Herzen zu sehen; jedes so, wie es eben ist."

Silke Schnee ist Mitbegründerin einer inklusiven Gesamtschule in Köln, an der alle Kinder willkommen sind.

www.offene-schule-koeln.de

Die Illustratorin

Heike Sistig hat Sonderpädagogik und Kunst studiert und ist ausgebildete Kunsttherapeutin. Sie arbeitet hauptberuflich als Redakteurin im Kinderfernsehen. Heike Sistig hat bereits einige Kinderbücher illustriert und stellt ihre Collagen als freie Künstlerin in Galerien aus. Sie lebt mit ihrer Familie in Köln.

www.heikesistig.de

Jeder Mensch ist einzigartig

Menschen mit Down-Syndrom haben ein Chromosom mehr. Bei dieser genetischen Besonderheit ist das 21. Chromosom dreifach vorhanden. Deswegen nennt man dieses Syndrom auch Trisomie 21.

Der britische Arzt John Langdon Down (1828–1896) hat sich intensiv damit beschäftigt und im Jahr 1866 klassische Merkmale beschrieben. Deswegen wurde das Down-Syndrom nach ihm benannt.

Viele Eltern von Kindern mit Down-Syndrom betonen, dass ihr Kind emotional allerdings alles andere als „down" ist, und dass auch das Leben mit Down-Syndrom kein Grund dafür ist, schlecht drauf zu sein.

Insgesamt verläuft die Entwicklung von Kindern mit Down-Syndrom oft langsamer. Und ihre geistigen Fähigkeiten können sehr unterschiedlich sein. Erstmal sind sie Menschen – einzigartige Persönlichkeiten mit einem ganz eigenen Charakter.

Heute haben Menschen mit Down-Syndrom bessere Lebenschancen als je zuvor – wenn sie sie denn überhaupt bekommen: Tatsächlich führt die Pränataldiagnostik bei einem positiven Befund häufig zu der Entscheidung für einen Schwangerschaftsabbruch.

Das vorliegende Buch will dabei helfen, Menschen mit Down-Syndrom oder mit Entwicklungsverzögerungen nicht zuerst als „Belastung" oder als „Problem" wahrzunehmen (das zu vermeiden sei), sondern sich auf den Weg zu machen, unsere Unterschiedlichkeit als Menschen anzunehmen. Nicht nur, weil jeder Mensch ein Recht zu leben hat, sondern weil Vielfalt uns alle unglaublich reich macht.

In einem Blog-Beitrag hat David Neufeld als Vater von zwei Jungs mit Down-Syndrom versucht, Antworten auf Fragen zu geben, die frischgebackenen Eltern vielleicht gerade durch den Kopf gehen. Hier finden Sie den vollständigen Text (den es auch in Form einer kleinen Broschüre gibt):
www.neufeld-verlag.de/blog/down-syndrom/

Kontaktadressen

Deutsches Down-Syndrom InfoCenter
Hammerhöhe 3
D-91207 Lauf an der Pegnitz
Telefon 0 91 23/98 21 21
Telefax 0 91 23/98 21 22
www.ds-infocenter.de

Arbeitskreis Down-Syndrom e. V.
Gadderbaumer Straße 28
D-33602 Bielefeld
Telefon 05 21/44 29 98
Telefax 05 21/94 29 04
www.down-syndrom.org

Bundesvereinigung Lebenshilfe für
Menschen mit geistiger Behinderung e. V.
Raiffeisenstraße 18
D-35043 Marburg
Telefon 0 64 21/4 91-0
Telefax 0 64 21/4 91-1 67
www.lebenshilfe.de

Bundesarbeitsgemeinschaft
Gemeinsam leben – gemeinsam lernen e. V.
Falkstraße 106
D-60487 Frankfurt
Telefon 0 69/77 01 57 58
Telefax 0 69/71 91 26 32
www.gemeinsamleben-gemeinsamlernen.de

insieme 21
CH-8000 Zürich
Telefon 0 55/243 18 55
www.insieme21.ch

Dachverband
Down-Syndrom Österreich
Fadingerstraße 15
A-5020 Salzburg
www.down-syndrom.at

EDSA –
European Down Syndrome Association
www.edsa.eu

Die Geschichte von Prinz Seltsam ist im Don Bosco Verlag als Bildkartenset für das Kamishibai-Erzähltheater erhältlich

Lizenzausgaben dieses Buches gibt es auf Englisch (*The Prince Who Was Just Himself*) sowie in China

Die Deutsche Bibliothek verzeichnet diese Publikation in der Deutschen Nationalbibliografie; detaillierte bibliografische Daten sind im Internet über www.d-nb.de abrufbar

Umschlaggestaltung: spoon design, Olaf Johannson
Umschlagbild und Illustrationen: Heike Sistig, Köln
Scans und Bildbearbeitung: Kirsten Reinhold, Köln
Satz: Neufeld Verlag
Herstellung: Westermann Druck Zwickau GmbH, Crimmitschauer Straße 43, 08058 Zwickau

6. Auflage 2022

© 2011 Neufeld Verlag, Sauerbruchstraße 16, 27478 Cuxhaven
ISBN 978-3-86256-010-3, Bestell-Nummer 588 740

Nachdruck und Vervielfältigung, auch auszugsweise, nur mit Genehmigung des Verlages

www.neufeld-verlag.de

Bleiben Sie auf dem Laufenden:
newsletter.neufeld-verlag.de
www.**facebook**.com/NeufeldVerlag
www.neufeld-verlag.de/**blog**

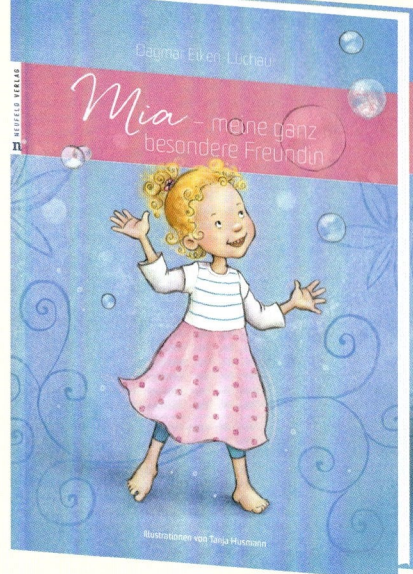

Silke Schnee und Heike Sistig

Prinz Seltsam und die Schulpiraten

Zum Vorlesen und für Erstleser

Die spannende Fortsetzung der *Geschichte von Prinz Seltsam*! In diesem zweiten Band ist der kleine Prinz älter geworden und besucht inzwischen die Schule – auf einem Schiff!

Es gibt Schulschiffe für Mädchen und welche für Jungs, Schiffe für Einäugige und für Einbeinige und welche für Kinder, die beim Lernen langsamer sind. Warum es so viele verschiedene Schiffe gibt, weiß keiner mehr. Aber so ist es nun mal. Schon immer.

Dann treibt ein schrecklicher Sturm die Schiffe in die Hände von Piraten. Wird den Kindern die Flucht gelingen?

Eine spannende Geschichte zu Inklusion in der Schule!

77 Seiten • DIN A5 • gebunden
Nr. 590 154 • ISBN 978-3-86256-154-4
2. Auflage 2019

(Auch auf Englisch: *Prince Noah and the School Pirates*)

Dagmar Eiken-Lüchau und Tanja Husmann

Mia – meine ganz besondere Freundin

Ich bin Lotte. Und das ist Mia. Wir gehen in denselben Kindergarten. Mia ist ein bisschen anders. Manchmal kann ich sie nicht verstehen, und manchmal versteht sie mich nicht.

Diese Geschichte hilft, das Verhalten und die Gefühle von Kindern, die anders sind, besser zu verstehen.

Und das ist manchmal gar nicht so leicht. Sie lehrt bereits die ganz Kleinen, wie schön es sein kann, andere zu entdecken und so zu akzeptieren, wie sie sind. So lernen Kinder im Kita-Alter, mit besonderen Kindern umzugehen und sie gelassen in ihre Gemeinschaft zu integrieren.

Altersgerecht und situationsorientiert, ohne zu verurteilen oder Angst zu machen, klärt dieses Buch auf.

Mias Besonderheit ist ihr frühkindlicher Autismus. Sie spricht nicht. Der Begriff „Autismus" kommt in der Geschichte nicht vor, wird aber im Anhang verständlich erklärt.

31 Seiten • DIN A4 • gebunden
Nr. 590 079 • ISBN 978-3-86256-079-0
3. Auflage 2021